나만의 영어 필기체 쓰기

My Cursive Handwriting Book
나만의 영어 필기체 쓰기

지은이 넥서스콘텐츠개발팀
펴낸이 임상진
펴낸곳 (주)넥서스

초판 1쇄 발행 2016년 3월 15일
초판 19쇄 발행 2023년 8월 1일

출판신고 1992년 4월 3일 제311-2002-2호
주소 10880 경기도 파주시 지목로 5
전화 (02)330-5500 팩스 (02)330-5555

ISBN 979-11-5752-702-1 13740

www.nexusbook.com

나 만 의 영어 필기체 쓰기

넥서스콘텐츠개발팀 지음

넥서스

이 책을 추천합니다!

● 캘리그래피가 취미인 학생입니다. 영문으로 멋진 캘리그래피를 적어보고 싶지만 필기체를 몰라 시도조차 못했습니다. 저처럼 영어 필기체 초보자에겐 딱 맞는 책입니다. 알파벳부터 문장까지 따라 쓰다 보면 어느새 멋진 필기체를 쓸 수 있게 됩니다. -이다혜(학생)

● 평소에 필기체를 배워봐야겠다고 생각해본 적은 없는데, 우연히 알게 된 이 책을 통해서 필기체의 매력에 빠지게 되었습니다. 같은 문장도 필기체로 쓰면 더 고급스러워 보이네요. -박태양(회사원)

● 공부라고 생각하지 않고 가볍게 읽으면서 따라 해 보니 어느새 필기체를 마스터했습니다. 암호처럼 보였던 필기체의 글들이 이제는 조금씩 눈에 들어오네요. 부담 없이 편하게 볼 수 있는 책입니다. -이준영(프리랜서)

● 교환학생으로 해외에서 공부할 때 가장 괴로웠던 것은 교수님의 필기체였습니다. 이 책으로 알파벳부터 문장까지 차근차근 익히다 보니 이렇게 쉬운걸! 그땐 왜 그렇게 어려웠을까요? 짧은 시간 내에 완벽하게 학습할 수 있도록 도와주는 책이에요. -오유정(취준생)

● 필기체로 멋지게 영어를 적는 사람들을 보면서 부러운 적이 많았습니다. 필기체로 멋지게 카드를 적어보겠다는 생각으로 매일 조금씩 적었더니 어느새 한 권을 끝마쳤네요. 필기체를 뽐낼 기회가 빨리 왔으면 좋겠어요. -김민철(대학원생)

Part 1

필 기 체 익 히 기

Part 2

써 보 기 연 습

Part

1

필기체 익히기

알파벳 연습을 시작해 볼까요?
이 장에서 알파벳 대소문자와 더불어
자주 쓰이는 단어들을 필기체로 써 보세요.

필기체 쓰기 동영상 보기

Capital Letter

A
B
C
D

E
F
G
H

I
J
K
L

M
N
O
P

Q
R
S
T

U
V
W
X

Y
Z

Small Letter

a	b	c	d
e	f	g	h
i	j	k	l
m	n	o	p
q	r	s	t
u	v	w	x
y	z		

*A *a*

$\mathcal{A}$ $\mathcal{A}$ $\mathcal{A}$

a a a

• a로 시작하는 단어를 연습해 보세요.

age
나이

age age age

amusing
즐거운

amusing amusing amusing

• a가 중간에 들어가는 단어를 연습해 보세요.

dream
꿈

dream dream dream

passion
열정

passion passion passion

• a로 끝나는 단어를 연습해 보세요.

drama
드라마

drama drama drama

nostalgia
향수

nostalgia nostalgia nostalgia

B B B

b b b

B b

• b로 시작하는 단어를 연습해 보세요.

| best 최고의 | *best best best* |

| beautiful 아름다운 | *beautiful beautiful beautiful* |

• b가 중간에 들어가는 단어를 연습해 보세요.

| abroad 해외의 | *abroad abroad abroad* |

| incredible 믿을 수 없는 | *incredible incredible incredible* |

• b로 끝나는 단어를 연습해 보세요.

| job 직업 | *job job job* |

| herb 허브 | *herb herb herb* |

알파벳 C 써보기

C C C

c c c

• c로 시작하는 단어를 연습해 보세요.

calm
침착한

calm calm calm

classic
클래식

classic classic classic

• c가 중간에 들어가는 단어를 연습해 보세요.

perfect
완벽한

perfect perfect perfect

success
성공

success success success

• c로 끝나는 단어를 연습해 보세요.

artistic
예술적인

artistic artistic artistic

romantic
로맨틱한

romantic romantic romantic

D *D* *D*

d *d* *d*

●d로 시작하는 단어를 연습해 보세요.

day
하루

day *day* *day*

diet
식사

diet *diet* *diet*

●d가 중간에 들어가는 단어를 연습해 보세요.

holiday
휴가

holiday *holiday* *holiday*

wedding
결혼(식)

wedding *wedding* *wedding*

●d로 끝나는 단어를 연습해 보세요.

world
세계

world *world* *world*

blessed
축복받은

blessed *blessed* *blessed*

알파벳 E 써보기

E e

$\mathcal{E}$ $\mathcal{E}$ $\mathcal{E}$

e e e

● e로 시작하는 단어를 연습해 보세요.

| exit
출구 | *exit exit exit* |
| elegant
우아한 | *elegant elegant elegant* |

● e가 중간에 들어가는 단어를 연습해 보세요.

| pretty
귀여운 | *pretty pretty pretty* |
| merry
즐거운 | *merry merry merry* |

● e로 끝나는 단어를 연습해 보세요.

| love
사랑 | *love love love* |
| hope
희망 | *hope hope hope* |

$\mathcal{F}$ $\mathcal{F}$ $\mathcal{F}$

f f f

- f로 시작하는 단어를 연습해 보세요.

| future
미래 | *future future future* |
| favorite
매우 좋아하는 | *favorite favorite favorite* |

- f가 중간에 들어가는 단어를 연습해 보세요.

| affect
영향을 미치다 | *affect affect affect* |
| thankful
감사하는 | *thankful thankful thankful* |

- f로 끝나는 단어를 연습해 보세요.

| belief
믿음 | *belief belief belief* |
| yourself
네 자신 | *yourself yourself yourself* |

알파벳 G 써보기

G g

𝒢 𝒢 𝒢

g g g

• g로 시작하는 단어를 연습해 보세요.

| gift
선물 | *gift* gift gift |
| goal
목표 | *goal* goal goal |

• g가 중간에 들어가는 단어를 연습해 보세요.

| laugh
웃다 | *laugh* laugh laugh |
| fragrance
향기 | *fragrance* fragrance fragrance |

• g로 끝나는 단어를 연습해 보세요.

| strong
강한 | *strong* strong strong |
| young
젊은 | *young* young young |

H H H

h h h

H h

H h

• h로 시작하는 단어를 연습해 보세요.

| heart 심장 | *heart heart heart* |
| harmony 조화 | *harmony harmony harmony* |

• h가 중간에 들어가는 단어를 연습해 보세요.

| achieve 성취하다 | *achieve achieve achieve* |
| birthday 생일 | *birthday birthday birthday* |

• h로 끝나는 단어를 연습해 보세요.

| wish 바라다 | *wish wish wish* |
| foolish 어리석은 | *foolish foolish foolish* |

I I I

i i i

• i로 시작하는 단어를 연습해 보세요.

idea
생각

idea idea idea

infinite
무한한

infinite infinite infinite

• i가 중간에 들어가는 단어를 연습해 보세요.

finish
끝내다

finish finish finish

accomplish
완수하다

accomplish accomplish accomplish

• i로 끝나는 단어를 연습해 보세요.

hi
안녕

hi hi hi

graffiti
낙서

graffiti graffiti graffiti

$\mathcal{J}$ $\mathcal{J}$ $\mathcal{J}$

j j j

J j

• j로 시작하는 단어를 연습해 보세요.

| jewel
보석 | *jewel jewel jewel* |

| jealous
질투하는 | *jealous jealous jealous* |

• j가 중간에 들어가는 단어를 연습해 보세요.

| enjoy
즐기다 | *enjoy enjoy enjoy* |

| project
계획 | *project project project* |

• a부터 n까지 한번에 이어서 써 보세요.

abcdefghijklmn

알파벳 K 써보기

K K K

k k k

• k로 시작하는 단어를 연습해 보세요.

| keep 유지하다 | keep keep keep |

| karma 업보 | karma karma karma |

• k가 중간에 들어가는 단어를 연습해 보세요.

| cake 케이크 | cake cake cake |

| awake 깨어 있는 | awake awake awake |

• k로 끝나는 단어를 연습해 보세요.

| book 책 | book book book |

| check 살피다 | check check check |

L L L

l l l

L l

• l로 시작하는 단어를 연습해 보세요.

learn
배우다

learn learn learn

lovely
사랑스러운

lovely lovely lovely

• l이 중간에 들어가는 단어를 연습해 보세요.

illusion
환상

illusion illusion illusion

reality
현실

reality reality reality

• l로 끝나는 단어를 연습해 보세요.

vital
필수적인

vital vital vital

angel
천사

angel angel angel

알파벳 M 써보기

M m

M M M

m m m

● m으로 시작하는 단어를 연습해 보세요.

magic
마술

magic magic magic

marvelous
놀라운

marvelous marvelous marvelous

● m이 중간에 들어가는 단어를 연습해 보세요.

admire
존경하다

admire admire admire

gloomy
우울한

gloomy gloomy gloomy

● m으로 끝나는 단어를 연습해 보세요

wisdom
지혜

wisdom wisdom wisdom

perform
수행하다

perform perform perform

$\mathcal{N}$ $\mathcal{N}$ $\mathcal{N}$

n n n

N n

• n으로 시작하는 단어를 연습해 보세요.

| night 밤 | *night night night* |
| name 이름 | *name name name* |

• n이 중간에 들어가는 단어를 연습해 보세요.

| dance 춤 | *dance dance dance* |
| voluntary 자발적인 | *voluntary voluntary voluntary* |

• n으로 끝나는 단어를 연습해 보세요.

| invitation 초대 | *invitation invitation invitation* |
| complain 불평하다 | *complain complain complain* |

알파벳 O 써 보기

O O O

o o o

● O로 시작하는 단어를 연습해 보세요.

| over
위에 | *over over over* |
| outstanding
뛰어난 | *outstanding outstanding outstanding* |

● O가 중간에 들어가는 단어를 연습해 보세요.

| work
일하다 | *work work work* |
| voyage
여행 | *voyage voyage voyage* |

● O로 끝나는 단어를 연습해 보세요.

| hello
안녕 | *hello hello hello* |
| bravo
브라보 | *bravo bravo bravo* |

24

p *p* *p*

p *p* *p*

P p

• p로 시작하는 단어를 연습해 보세요.

| peace 평화 | *peace* peace peace |
| perfume 향수 | *perfume* perfume perfume |

• p가 중간에 들어가는 단어를 연습해 보세요.

| accept 받아들이다 | *accept* accept accept |
| suppose 생각하다 | *suppose* suppose suppose |

• p로 끝나는 단어를 연습해 보세요.

| top 정상 | *top* top top |
| friendship 우정 | *friendship* friendship friendship |

Q Q Q

q q q

• q로 시작하는 단어를 연습해 보세요.

quick
빠른

quick quick quick

quality
특성

quality quality quality

• q가 중간에 들어가는 단어를 연습해 보세요.

acquire
습득하다

acquire acquire acquire

technique
테크닉

technique technique technique

• o부터 z까지 한번에 이어서 써 보세요.

opqrstuvwxyz

R R R

r r r

R r

• r로 시작하는 단어를 연습해 보세요.

| rule 규칙 | *rule* *rule* *rule* |

| rainbow 무지개 | *rainbow* *rainbow* *rainbow* |

• r이 중간에 들어가는 단어를 연습해 보세요.

| adore 아주 좋아하다 | *adore* *adore* *adore* |

| according ~에 따라서 | *according* *according* *according* |

• r로 끝나는 단어를 연습해 보세요.

| star 별 | *star* *star* *star* |

| after 뒤에 | *after* *after* *after* |

알파벳 S 써 보 기

S S S

s s s

• s로 시작하는 단어를 연습해 보세요.

smile
미소짓다

smile smile smile

sacred
신성한

sacred sacred sacred

• s가 중간에 들어가는 단어를 연습해 보세요.

against
반대하여

against against against

worship
숭배하다

worship worship worship

• s로 끝나는 단어를 연습해 보세요.

address
주소

address address address

ambitious
야심 있는

ambitious ambitious ambitious

$T\ T\ T$

$t\ t\ t$

T   t

• t로 시작하는 단어를 연습해 보세요.

| time
시간 | *time time time* |
| trust
신뢰하다 | *trust trust trust* |

• t가 중간에 들어가는 단어를 연습해 보세요.

| ability
능력 | *ability ability ability* |
| weather
날씨 | *weather weather weather* |

• t로 끝나는 단어를 연습해 보세요.

| fast
빠른 | *fast fast fast* |
| adult
어른 | *adult adult adult* |

U U U

u u u

• u로 시작하는 단어를 연습해 보세요.

| ugly 못생긴 | ugly ugly ugly |

| ultimate 궁극적인 | ultimate ultimate ultimate |

• u가 중간에 들어가는 단어를 연습해 보세요.

| music 음악 | music music music |

| workout 운동 | workout workout workout |

• u로 끝나는 단어를 연습해 보세요.

| you 당신 | you you you |

| virtu 미술품 애호 | virtu virtu virtu |

$\mathcal{V}$ $\mathcal{V}$ $\mathcal{V}$

v v v

V　v

• v로 시작하는 단어를 연습해 보세요.

value
가치

value value value

vacation
방학

vacation vacation vacation

• v가 중간에 들어가는 단어를 연습해 보세요.

creative
창조적인

creative creative creative

advertise
광고하다

advertise advertise advertise

• a부터 z까지 한번에 이어서 써 보세요.

abcdefghijklmnopqrstuvwxyz

W W W

w w w

• w로 시작하는 단어를 연습해 보세요.

| wait 기다리다 | *wait wait wait* |
| wonderful 아주 멋진 | *wonderful wonderful wonderful* |

• w가 중간에 들어가는 단어를 연습해 보세요.

| down 아래에 | *down down down* |
| always 항상 | *always always always* |

• w로 끝나는 단어를 연습해 보세요.

| flow 흐름 | *flow flow flow* |
| below 아래에 | *below below below* |

X X X

x x x

• x로 시작하는 단어를 연습해 보세요.

| x-ray
엑스레이 | x-ray x-ray x-ray |
| xylophone
실로폰 | xylophone xylophone xylophone |

• x가 중간에 들어가는 단어를 연습해 보세요.

| anxiety
불안 | anxiety anxiety anxiety |
| example
예 | example example example |

• x로 끝나는 단어를 연습해 보세요.

| climax
절정 | climax climax climax |
| complex
복잡한 | complex complex complex |

Y Y Y

y y y

● y로 시작하는 단어를 연습해 보세요.

year
연도

year year year

yesterday
어제

yesterday yesterday yesterday

● y가 중간에 들어가는 단어를 연습해 보세요.

recycle
재활용하다

recycle recycle recycle

employed
취직하고 있는

employed employed employed

● y로 끝나는 단어를 연습해 보세요.

hobby
취미

hobby hobby hobby

apology
사과

apology apology apology

Z *z*

Ƶ *Ƶ* *Ƶ*

ƶ *ƶ* *ƶ*

● z로 시작하는 단어를 연습해 보세요.

zone 지역	*zone zone zone*
zealous 열정적인	*zealous zealous zealous*

● z가 중간에 들어가는 단어를 연습해 보세요.

amazing 놀라운	*amazing amazing amazing*
bizarre 기이한	*bizarre bizarre bizarre*

● z로 끝나는 단어를 연습해 보세요.

quiz 퀴즈	*quiz quiz quiz*
buzz 윙윙거리다	*buzz buzz buzz*

35

Part

2

써보기 연습

알파벳 연습이 끝났습니다.
이번 장에서는 생활 속에서 활용 가능한 표현들과
특별한 이벤트에 쓸 수 있는 카드 문구를
필기체로 써 보세요.

Months of the year

1월
January

January January January

2월
February

February February February

3월
March

March March March

4월
April

April April April

5월
May

May May May

June

June June June

July

July July July

August

August August August

September

September September September

October

October October October

November

November November November

December

December December December

요 일 써 보 기

Days of the week

◇◇

월요일
Monday

Monday Monday Monday

화요일
Tuesday

Tuesday Tuesday Tuesday

수요일
Wednesday

Wednesday Wednesday Wednesday

목요일
Thursday

Thursday *Thursday* *Thursday*

금요일
Friday

Friday *Friday* *Friday*

토요일
Saturday

Saturday *Saturday* *Saturday*

일요일
Sunday

Sunday *Sunday* *Sunday*

남 자 이 름 써 보 기

Common men's names

◇◇

제임스
James

James   James   James

존
John

John   John   John

앤드루
Andrew

Andrew   Andrew   Andrew

마이클
Michael

Michael   Michael   Michael

노아
Noah

Noah   Noah   Noah

데이비드
David

David David David

라이언
Ryan

Ryan Ryan Ryan

다니엘
Daniel

Daniel Daniel Daniel

매튜
Matthew

Matthew Matthew Matthew

크리스토퍼
Christopher

Christopher Christopher Christopher

헨리
Henry

Henry Henry Henry

오스틴
Austin

Austin Austin Austin

Common women's names

메리
Mary

Mary Mary Mary

사라
Sarah

Sarah Sarah Sarah

레이첼
Rachel

Rachel Rachel Rachel

엠마
Emma

Emma Emma Emma

올리비아
Olivia

Olivia Olivia Olivia

제니퍼
Jennifer

Jennifer Jennifer Jennifer

마리아
Maria

Maria Maria Maria

수잔
Susan

Susan Susan Susan

클로이
Chloe

Chloe Chloe Chloe

빅토리아
Victoria

Victoria Victoria Victoria

리사
Lisa

Lisa Lisa Lisa

스테파니
Stephanie

Stephanie Stephanie Stephanie

한 국 인 성 써 보 기

Korean surnames

◇◇◇

김
Kim

Kim Kim Kim

이
Lee

Lee Lee Lee

박
Park

Park Park Park

최
Choi

Choi Choi Choi

정
Jeong

Jeong Jeong Jeong

46

강
Kang

Kang Kang Kang

조
Cho

Cho Cho Cho

윤
Yoon

Yoon Yoon Yoon

장
Jang

Jang Jang Jang

임
Lim

Lim Lim Lim

오
Oh

Oh Oh Oh

한
Han

Han Han Han

한국인 이름 써보기

Korean common names

민준
Min Jun

Min Jun Min Jun Min Jun

지후
Ji Hu

Ji Hu Ji Hu Ji Hu

동현
Dong Hyeon

Dong Hyeon Dong Hyeon Dong Hyeon

준서
Jun Seo

Jun Seo Jun Seo Jun Seo

현우
Hyeon Woo

Hyeon Woo Hyeon Woo Hyeon Woo

우진
Woo Jin

Woo Jin Woo Jin Woo Jin

서연
Seo Yeon

Seo Yeon Seo Yeon Seo Yeon

민서
Min Seo

Min Seo Min Seo Min Seo

지우
Ji Woo

Ji Woo Ji Woo Ji Woo

수빈
Su Bin

Su Bin Su Bin Su Bin

하은
Ha Eun

Ha Eun Ha Eun Ha Eun

나래
Na Rae

Na Rae Na Rae Na Rae

New Year

새 해 카 드 문 구 를 연 습 해 보 세 요.

Happy New Year!

새해 복 많이 받으세요!

Happy New Year!

Wishing you a Happy New Year!

행복한 새해 보내시길 바랍니다!

Wishing you a Happy New Year!

I wish you a very Happy New Year.

정말 행복한 새해 보내시길 바랍니다.

I wish you a very Happy New Year.

We hope it's your best year ever.

최고의 한 해 되길 바랍니다.

We hope it's your best year ever.

Hope you have a great time ahead.

다가오는 새해에는 좋은 시간만 보내시기를 바랍니다.

Hope you have a great time ahead.

May it be a memorable one.

기억에 남을 한 해 되시길 바랍니다.

May it be a memorable one.

Here are my wishes with all my love.

제 사랑을 담아 소망합니다.

Here are my wishes with all my love.

I wish that all your wishes are fulfilled this year.

새해에는 모든 소망들이 이루어지길 바랍니다.

I wish that all your wishes are fulfilled this year.

새해 연하장에 쓸 문구를 필기체로 써 보세요.

New Year

Valentine's Day

밸런타인데이에 쓸 수 있는 **카드 문구**를 연습해 보세요.

I love you.

사랑합니다.

I love you.

Happy Valentine's Day!

행복한 밸런타이데이 보내세요!

Happy Valentine's Day!

Happy Valentine's day to one of my favorite people.

내 인생에서 아끼는 그대에게 행복한 밸런타인데이를 기원합니다.

Happy Valentine's day to one of my favorite people.

You're always on my mind and in my heart.

당신은 항상 제 생각과 마음속에 있습니다.

You're always on my mind and in my heart.

Everyday with you is Valentine's Day for me.

당신과 함께하는 매일이 제게는 밸런타인데이입니다.

Everyday with you is Valentine's Day for me.

You've made my life beautiful!

당신이 제 삶을 아름답게 만들어주었습니다!

You've made my life beautiful!

Nothing is more important than you in my life.

제 삶에서 당신보다 중요한 것은 없습니다.

Nothing is more important than you in my life.

I hope you feel how much I love you!

제가 당신을 얼마나 사랑하는지 당신에게 느껴지기를 바랍니다!

I hope you feel how much I love you!

You're always
on my mind
and in my heart.

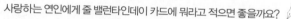

사랑하는 연인에게 줄 밸런타인데이 카드에 뭐라고 적으면 좋을까요?

Mother's Day

어머니날 카드 문구를 연습해 보세요.

Happy Mother's Day!

행복한 어머니날 보내세요!

Happy Mother's Day!

Thank you for always being there.

항상 그곳에 있어 주셔서 감사합니다.

Thank you for always being there.

Because of you, I am me.

당신이 있기에, 제가 있습니다.

Because of you, I am me.

Thinking of you with love today and always.

오늘뿐만 아니라 항상 당신을 사랑으로 생각하고 있습니다.

Thinking of you with love today and always.

Wishing you a very special Mother's Day!

특별한 어머니날 보내시길 바랍니다!

Wishing you a very special Mother's Day!

You're the most special woman in my heart forever!

당신은 영원히 제 마음속의 특별한 여자입니다!

You're the most special woman in my heart forever!

Thank you for always taking such great care of me.

항상 저를 보살펴 주셔서 감사합니다.

Thank you for always taking such great care of me.

May all the love you gave to us come back to you.

당신이 저희에게 주셨던 사랑이 당신에게도 되돌아가기를 바랍니다.

May all the love you gave to us come back to you.

Thank you for always taking such great care of me.

마음은 그게 아닌데 오늘도 어머니에게 짜증만 내진 않았나요? 마음 속 이야기를 적어 보세요.

Father's Day

아버지날 카드 문구를 연습해 보세요.

Happy Father's Day!

행복한 아버지날 보내세요!

Happy Father's Day!

Father's Day to a wonderful dad.

멋진 아버지에게 아버지날을 선사합니다.

Father's Day to a wonderful dad.

Thanks for always being there for us.

우리를 위해 항상 그곳에 계셔 주셔서 감사합니다.

Thanks for always being there for us.

Thank you for being my dad.

제 아버지가 되어 주셔서 감사합니다.

Thank you for being my dad.

Dad, you're in all my favorite memories.

제가 가장 아끼는 추억 속에는 항상 아버지가 있습니다.

Dad, you're in all my favorite memories.

Happy Father's day to all the fathers out there.

세상의 모든 아버지들, 아버지날을 축하합니다.

Happy Father's day to all the fathers out there.

Thanks dad for all that you've done for us.

당신이 우리를 위해서 해주신 모든 일에 감사드립니다.

Thanks dad for all that you've done for us.

You deserve to have the best Father's Day.

당신은 최고의 아버지날을 누릴 자격이 충분합니다.

You deserve to have the best Father's Day.

아버지께 평소 표현하지 못했던 고마움을 카드에 적어 전해 보세요.

Halloween

핼러윈데이 카드 문구를 연습해 보세요.

Wishing you a killer Halloween!

최고의 핼러윈데이 보내길 바라!

Wishing you a killer Halloween!

You're one of my favorite Halloween monsters!

넌 내가 가장 좋아하는 할로윈 괴물이야!

You're one of my favorite Halloween monsters!

Have fun with monsters!

과물들과 즐거운 시간 보내!

Have fun with monsters!

Sending you good wishes for a Happy Halloween.

행복한 핼러윈데이 보내기를 바라.

Sending you good wishes for a Happy Halloween.

Wishing you a fun Halloween filled with surprises!

신비함으로 가득한 재미있는 핼러윈 보내!

Wishing you a fun Halloween filled with surprises!

Having you in my life is the sweetest treat!

내 삶에 널 가지고 있는 게 나에겐 최고의 선물이야!

Having you in my life is the sweetest treat!

You're the cutest pumpkin!

넌 가장 귀여운 호박이야!

You're the cutest pumpkin!

Have a scary good time!

무섭고 즐거운 시간 보내!

Have a scary good time!

68

나만의 핼로윈 카드를 만들어 보세요.

Love you

Christmas

크리스마스 카드 문구를 연습해 보세요.

We wish you a merry Christmas!

즐거운 크리스마스 되시길 바랍니다!

We wish you a merry Christmas!

May the Christmas season fill your heart with love.

크리스마스가 당신의 마음에 사랑을 가득 채워 주기를 바랍니다.

May the Christmas season fill your heart with love.

With all good wishes for Christmas and the New Year!

크리스마스와 다가오는 새해에는 좋은 일만 가득하기를 바랍니다!

With all good wishes for Christmas and the New Year!

May the blessings of Christmas be with you always.

크리스마스의 축복이 항상 당신과 함께하기를 바랍니다.

May the blessings of Christmas be with you always.

May God bless your home with peace, joy and love!

신이 당신의 집에 평화와 기쁨, 사랑의 축복을 내리기를!

May God bless your home with peace, joy and love!

Here's wishing you a Christmas day full of happiness.

행복으로 가득한 크리스마스가 되기를 바랍니다.

Here's wishing you a Christmas day full of happiness.

Wishing you and your family a merry Christmas.

당신과 당신의 가족이 즐거운 크리스마스 보내기를 바랍니다.

Wishing you and your family a merry Christmas.

May your Christmas be a joyous and memorable one.

당신의 크리스마스가 기쁘고 기억에 남을 만한 날이 되기를 소망합니다.

May your Christmas be a joyous and memorable one.

We Wish
You a Merry
Christmas!

이번 크리스마스 카드는 멋지게 영어 필기체로 꾸며 보는 건 어떨까요?

Christmas

Thank you

감사 카드 문구를 연습해 보세요.

◇◇

Thank you a million times for your support.

당신의 지지에 정말 감사드립니다.

Thank you a million times for your support.

My deepest gratitude for all your help.

당신의 모든 도움에 깊은 감사를 보냅니다.

My deepest gratitude for all your help.

Thank you for all that you've done.

당신이 해 준 모든 것에 감사합니다.

Thank you for all that you've done.

I can't say thank you enough.

말로는 충분하지 못할 감사를 표합니다.

I can't say thank you enough.

I would like to thank you for being an awesome friend.

멋진 친구가 되어 줘서 고마워.

I would like to thank you for being an awesome friend.

I don't know what I would do without you.

당신이 없다면 내가 무엇을 할 수 있을지 모르겠네요.

I don't know what I would do without you.

Thank you for volunteering all your time and efforts.

당신의 시간과 노력에 감사를 표합니다.

Thank you for volunteering all your time and efforts.

I was so touched by all the support you've given me.

당신이 저에게 보낸 지지에 큰 감동을 받았습니다.

I was so touched by all the support you've given me.

I don't know what I would do without you.

고마운 분들께 감사하는 마음을 담은 카드를 만들어 보세요.

Thank you

Congratulations

축하 카드 문구를 연습해 보세요.

◇◇◇

Congratulations on making a dream come true.

당신의 꿈이 실현된 것을 축하합니다.

Congratulations on making a dream come true.

Congratulations today and best wishes for tomorrows.

오늘을 축하하며 다가올 내일에도 좋은 일이 있기를 기원합니다.

Congratulations today and best wishes for tomorrows.

Congratulations on your success!

당신의 성공을 축하합니다!

Congratulations on your success!

Congratulations on your achievements.

당신의 성공을 축하합니다.

Congratulations on your achievements.

Well done! Congratulations on this pleasant occasion.

훌륭했어요! 이렇게 기쁜 순간을 축하합니다.

Well done! Congratulations on this pleasant occasion.

Congratulations on one of your best moments!

당신 최고의 순간을 축하합니다!

Congratulations on one of your best moments!

Congratulations, we wish you all the best!

축하해요, 모든 일이 잘 되기를 바랄게요!

Congratulations, we wish you all the best!

Congratulations. You deserve whatever you get.

축하합니다. 무엇이 됐든 당신은 그것을 받을 자격이 충분합니다.

Congratulations. You deserve whatever you get.

Congratulations
on making
a dream
come true.

축하 카드를 필기체로 써 보세요.

Congratulations

Wise Saying

명언 문구를 연습해 보세요.

◇◇◇

The best way to predict the future is to invent it.

미래를 예측하는 최선의 방법은 미래를 창조하는 것이다. ―앨런 케이

The best way to predict the future is to invent it.

Education is the best provision for old age.

교육은 최상의 노후 대비책이다. ―아리스토텔레스

Education is the best provision for old age.

There is more to life than increasing its speed.

인생에는 서두르는 것 말고도 더 많은 것이 있다. —마하트마 간디

There is more to life than increasing its speed.

Strive not to be a success, but rather to be of value.

성공한 사람이 되려고 노력하지 말고, 가치 있는 사람이 되려고 노력하라. —알버트 아인슈타인

Strive not to be a success, but rather to be of value.

A minute's success pays the failure of years.

단 1분의 성공이 몇 년의 실패를 보상한다. —로버트 브라우닝

A minute's success pays the failure of years.

It is never too late to be what you might have been.

당신이 될 수 있었던 무언가가 되기에는 아직 늦지 않았다. —조지 엘리엇

It is never too late to be what you might have been.

When you have faults, do not fear to abandon them.

허물이 있다면, 버리기를 두려워 말라. —공자

When you have faults, do not fear to abandon them.

I would rather die of passion than of boredom.

나는 지루해서 죽기보다는 차라리 열정으로 죽겠다. —빈센트 반 고흐

I would rather die of passion than of boredom.

Everyday Expressions

생활 표현을 연습해 보세요.

〈〉

All the best wishes for you!

당신에게 행복이 깃들길 바랍니다!

All the best wishes for you!

Wishing you lots of luck!

행운을 기원합니다!

Wishing you lots of luck!

Have a wonderful birthday!

멋진 생일날 보내세요!

Have a wonderful birthday!

I'm happy to make an acquaintance with you!

당신과 알게 되어 행복합니다!

I'm happy to make an acquaintance with you!

Thank you very much!

정말 감사합니다!

Thank you very much!

I fell in love with you.

당신과 사랑에 빠졌어요.

I fell in love with you.

I'm sorry to hear that.

그 얘기를 듣게 되어 유감입니다.

I'm sorry to hear that.

I hope to see you again.

또 만나기를 바랄게요.

I hope to see you again.

Memo